AF253629

8° L41 b
853
A

OBSERVATIONS

DE

QUELQUES PATRIOTES

SUR

LA NÉCESSITÉ DE CONSERVER

LES MONUMENTS

DE LA LITTÉRATURE ET DES ARTS

A PARIS,

L'An deuxième de la République Française
une et indivisible.

OBSERVATIONS

DE

QUELQUES PATRIOTES

Sur la nécessité de conserver les monuments de la littérature et des arts.

Les tyrans et leurs satellites ont assez long-temps désolé la France ; ils ont assez succé le sang des peuples pour alimenter leur faste insultant et assouvir leurs passions aussi criminelles qu'extravagantes. Il est temps enfin qu'un grand peuple libre et puissant montre qu'il veut à jamais rester tel, et que ses vils et cruels ennemis ne doivent plus conserver aucun espoir de retour. Ce n'étoit pas assez d'avoir détruit les signes extérieurs de la féodalité et de l'esclavage ; il falloit poursuivre ces monstres hideux jusques dans leurs derniers retranchements; il falloit enlever aux aristocrates cachés les derniers hochets dont leur sot orgueil s'amusoit encore dans l'intérieur de leurs délicieuses et magnifiques habitations; il falloit les forcer de détruire toutes ces reliques féodales, qu'ils conservoient avec superstition, espérant que quelque jour ils pourroient encore les étaler en triomphe. Aussi la convention a-t-elle rendu un décret fort sage lorsqu'elle a ordonné la destruction de tous les vestiges de féodalité, même dans l'intérieur des maisons. Ceux-là qui auroient désiré qu'on n'eût pas poursuivi les armoiries jusques sur les plaques des cheminées, apprendront, s'ils l'ignorent, que rien n'étoit plus nécessaire; que dans la plupart des maisons des grands de la terre ces plaques portent les armes de la famille; qu'un *monseigneur* n'auroit pas souffert dans son palais, dans son château, une plaque de cheminée qui n'eût pas porté les glorieuses empreintes de toutes ses dignités. Tout ce qui a été ordonné étoit donc sage, juste et absolument nécessaire. Mais prenons garde de faire plus que n'a voulu le législateur : il a porté une loi populaire, une loi bienfaisante; gardons-nous d'en faire une loi barbare, une loi non seulement destructive des propriétés, mais, ce qui est vraiment irréparable, ce qui est un fléau pour toute nation,

pour le genre humain, destructive des monuments des sciences et des arts, des travaux les
plus précieux de ces hommes trop rares qui ont
honoré l'humanité, et dont les veilles conti-
nuelles, répandant parmi nous l'instruction et
les lumieres, ont amené le regne de la liberté
et la destruction des tyrans.

Quelques personnes, animées d'un zele plus
ardent qu'éclairé, ont cru que cette loi pro-
nonçoit aussi la destruction de tout ce qui,
dans les livres, estampes, statues, tableaux,
médailles, etc., conservoit quelques traces de
féodalité, quelques restes de cette basse adu-
lation dont les vils courtisans ont toujours
enivré leurs stupides maîtres. Ici je m'arrête,
et j'ose à peine envisager le précipice effroyable
dans lequel des fourbes et des méchants vou-
droient engager des patriotes ardents à pré-
cipiter tout ce qui est du ressort de l'instruction et des connoissances humaines. J'entends
d'excellents patriotes, de zélés républicains,
dire avec la naïveté la plus désespérante pour
tout homme instruit, qu'il faut, dans toutes
les bibliotheques, cabinets d'estampes, etc.,
effacer les armoiries, arracher les frontispices,
les dédicaces où il est question de rois ou de
princes, fondre les médailles des rois et des

empereurs, faire des canons (1) avec les précieux bronzes de tout module qui attestent les grands talents des Grecs et des Romains, ou qui sont au moins des monuments historiques, effacer les reliefs où sont retracés les crimes des rois, ou, si l'on veut, le petit nombre de celles de leurs actions que la flatterie a gratifiées du nom de glorieuses. Examinons un peu où nous conduiroit ce délire une fois qu'on lui auroit lâché la bride. Si vous arrachez les armoiries qui se trouvent à l'extérieur de beaucoup de livres, certes, vous ne pouvez laisser subsister celles qui, dans la plupart de ces mêmes livres, décorent ou plutôt surchargent la première page. Il faut, en outre, faire main-basse sur toutes les dédicaces. La fleur de lis qui, par un pur effet de l'habitude, étoit un ornement continuellement employé dans toutes nos imprimeries, devra donc entraîner la destruction de toutes les pages sur lesquelles elle se trouvera placée, soit en fleuron, soit en vignette, ou autrement; et certes plus des deux tiers de nos livres sont balafrés de cette insignifiante et ridicule em-

(1) Avec toutes les médailles du cabinet national on ne pourroit parvenir à faire la moitié d'un petit canon ; et on détruiroit des trésors inappréciables.

preinte. Le privilege du roi qui se trouve dans la plupart des livres ne sera-t-il pas aussi une cause de proscription ?

Très certainement, ce pas une fois fait, vous ne pouvez laisser subsister aucun des livres dans lesquels les rois sont ou flattés, ou tout au moins dépeints avec une complaisance pour le plus souvent forcée. Il faut brûler tous les livres d'histoire, parce que jusqu'alors l'histoire n'a malheureusement été que celle des rois, et que les peuples y ont toujours été comptés à-peu-près pour rien. Il faudra livrer au feu tous les exemplaires de Télémaque, puisque ce livre a été fait pour l'éducation des rois, que d'un bout à l'autre il y est question des rois. Sera-t-il possible de faire grâce à l'excellent discours sur l'Histoire universelle, à ce chef-d'œuvre de l'immortel et éloquent Bossuet ? Cet ouvrage n'a-t-il pas été fait pour un prince ? N'y retrouve-t-on pas le mot de *monseigneur* presque à chaque page ? Le même holocauste consumera nécessairement Racine, Molière, Boileau, La Fontaine ; car ces grands hommes ont, il est vrai, lâchement sacrifié à la flatterie, au dieu des cours, ce qui, je l'avoue, est pour leur mémoire une tache ineffaçable, mais qui ne doit cependant pas attirer la proscription sur leurs admirables ouvrages. Voltaire lui-même sera considérablement réduit si on le dépouille de tous ceux de ses ouvrages faits pour les grands; cet homme extraordinaire, à qui peut-être nous devons la révolution française, sera donc puni des ménagements qu'il fut obligé de prendre pour faire circuler ses productions hardies, et pour faire lire, même dans les cours les plus corrompues, les ouvrages profonds qui prononçoient leur anathème et préparoient leur destruction. Rousseau lui-même, à qui la révolution française doit plus encore peut-être qu'à Voltaire, n'échappera pas à la condamnation; car, dans plusieurs de ses ouvrages, ne peut-on pas lui reprocher d'avoir cité avec trop de complaisance ses relations avec tel ou tel grand seigneur, les visites que lui faisoient monsieur le duc, madame la comtesse, etc., etc. ?

Considérons ici la différence des brûlures ordonnées par les parlements, et de celles qu'un zele mal dirigé occasionneroit maintenant. Quand le débauché Séguier, dans un réquisitoire hypocrite, provoquoit la condamnation et le supplice d'un livre dont l'auteur, par ses conceptions hardies, par ses idées philosophiques, avoit irrité, effrayé même, les rois et leurs suppôts, on en détruisoit un exemplaire, ou quelques exemplaires, ou, si l'on veut, toute une édition; cependant l'ouvrage n'en restoit pas moins, n'en étoit pas moins lu avec avidité. Mais ici ce n'est pas seulement une amende honorable que l'on exige de ces auteurs morts depuis long-temps, ou de leurs livres qui n'en peuvent mais. Il ne s'agit pas moins que d'une destruction entière, absolue. Grand Dieu ! les créateurs de la sublime liberté, de la seule vraie liberté qui ait jusqu'alors existé sur la terre, voudroient-ils s'assimiler aux tyrans féroces et stupides qui ordonnerent la destruction des livres, des ouvrages des savants, de ceux des artistes et des philosophes; et qui, par ces ordres que la terreur ne faisoit que trop ponctuellement exécuter, occasionnerent dans les sciences, dans les connoissances historiques, des lacunes irreparables ?

Ces destructions seroient absolument illusoires, puisque, graces à l'imprimerie, un seul exemplaire suffiroit pour en reproduire des millions. Elle déshonoreroit la France et souilleroit la révolution; elle porteroit le coup le plus funeste à la république naissante en la rendant l'objet du mépris des autres peuples de la terre.

Furieux de n'avoir pu nous détruire par leurs infernales machinations, par leurs complots sans cesse renouvelés, et heureusement presque toujours découverts, nos ennemis, les Anglais sur-tout, épuisent tous les moyens de nous nuire. Déjà ils ont fait crier à haute voix au milieu de nous, que dans un état républicain l'instruction, la philosophie, étoient dangereuses, ou tout au moins inutiles; ils ont voulu nous amener à la destruction de tous les livres, assurés qu'un tel projet, s'il étoit jamais possible qu'on cherchât à l'exécuter, produiroit le double effet de nous plonger dans la barbarie, et, par une conséquence inévitable, dans le plus honteux esclavage, et sur-tout qu'il feroit refluer dans leurs avares mains tous les trésors de littérature, tous les chefs-d'œuvre des arts que les particuliers, tremblant pour leurs propriétés, ne manqueroient pas de leur offrir à vil prix.

Depuis trois années le féroce et astucieux Pitt, l'immonde Catherine, et tous les capitalistes de l'Europe, profitant de l'avantage prodigieux qu'ils trouvent sur les changes, travaillent sans relâche à nous priver de nos morceaux les plus précieux. Ils n'y ont déjà que trop réussi : de nombreux émissaires achetent ici tout ce qu'ils croient devoir plaire à leurs maîtres; et cette sourde guerre qu'ils font à la France littéraire, n'est pas moins active que celle qu'ils dirigent de la manière la plus atroce contre notre liberté. La mine inépuisable de nos richesses en tous genres offre néanmoins encore beaucoup trop à leur convoitise, et ils usent de tous les stratagèmes pour nous dégoûter, ou nous forcer de laisser aller ce qu'ils brûlent d'acquérir.

Combien le jaloux orgueil des Anglais seroit satisfait, seroit régalé, qu'on me passe ce mot, si une main ignorante et sacrilege portoit le désordre et la dégradation dans notre biblio-theque nationale, dans ce monument unique qu'ils ne peuvent contempler sans palpiter d'envie et de rage (1), et qu'ils seroient charmés de voir détruire ou bouleverser !

A entendre certains hommes, rien n'est plus facile que d'arracher les écussons qui se trou-vent sur un grand nombre de livres (2). Mais

(1) J'ai vu de mes propres yeux des Anglais sortir de la bibliotheque nationale furieux et désespérés; ils étoient comme accablés sous le poids des belles choses en tout genre qu'on s'étoit empressé de leur faire voir, et leur œil morne et farouche sembloit appeler la destruction sur cet admirable monument.

(2) N'a-t-on pas été jusqu'à dire que, pour avoir souffert une mutilation de quelques pages un livre

examinez donc que pour une telle opération
vous dégradez les volumes, qu'ensuite il faudra
arracher aussi les fleurs de lis que les relieurs
ont presque continuellement employées pour
ornement; que, dans la seule bibliothèque nationale, il y a plus de cent mille volumes ainsi
habillés; que tous les assignats, tous les écus
du monde entier ne pourroient réparer le dom-
mage qui résulteroit d'une pareille dévasta-
tion, que si vous y ajoutez les autres bibliotheques publiques, celles de tous les particuliers,
vous aurez plusieurs milliards de volumes qu'il
vous faudra déshabiller, et même mutiler. En
vérité, à qui aura profité tout ce bouleverse-
ment? En quoi aurez-vous servi la cause de la
liberté? Si vous arrachez les fleurs de lis et
autres décorations extérieures, rien ne pourra,
ainsi que je l'ai dit plus haut, dispenser d'ar-

n'en seroit pas moins un livre? Avec des raisonneurs
de cette force, le seul parti à prendre est de se taire.
Mais quiconque n'est pas entièrement dépourvu des
moindres connoissances sait très bien que la mutilation déprécie totalement un livre quel qu'il soit;
et, pour parler un instant de ceux qui sont chers et
précieux, de ces chefs-d'œuvre qui honorent la
France, tel livre valant 4 ou 500 livres lorsqu'il est
entier et bien complet, n'en vaut plus que 15 si on
en arrache un seul feuillet. Quelle perte incalculable
ne feroit-on pas éprouver à la France, au grand
contentement de nos jaloux ennemis!

racher des livres tout ce qui est royal ou féodal, et conséquemment les détruire à-peu-près tous.

Les anciens monuments offrent à la littérature, et plus encore à l'histoire, des ressources que rien ne pourroit suppléer. Avant l'origine de l'imprimerie les moines seuls avoient quelque science; les seigneurs réunissoient dans leurs mains toutes les richesses; presque tous les manuscrits ont donc été exécutés par les moines qui seuls les savoient faire, pour les seigneurs qui seuls les pouvoient payer : aussi sont-ils pour la plupart surchargés d'armoiries peintes tant au dedans qu'au dehors. Au moins la stupide vanité de ces hauts et puissants seigneurs a-t-elle produit quelque bien; et il est peut-être plus d'un ouvrage important des grands écrivains de la Grèce et de Rome qui nous a été conservé parce qu'un riche ignorant en a fait exécuter un somptueux manuscrit pour l'unique plaisir d'y faire peindre en or et en azur ses armes et les tourelles de son château. Croit-on qu'un homme de lettres, un savant travaillant sur un ancien manuscrit, fassent quelque attention à ces chamarrures bizarres ? Est-il possible que l'aspect de ces ridicules emplâtres de rouge, de bleu, de vert, qu'on appeloit des armoiries, puisse jamais réveiller quelque idée féodale, ou produire d'autres sensations que le mépris et le dégoût ? La destruction de vieilles pages de papier roussi, ou de vélin raccorni, sera-t-elle un sacrifice digne de la république, digne de la liberté ? Néanmoins ces vieilles pages arrachées et détruites détérioreroient entièrement les manuscrits dont elles auroient été enlevées. Et qui pourroit calculer le dégoût épouvantable qui résulteroit de ce système dévastateur dans l'unique et précieux dépôt des manuscrits de la bibliotheque nationale, sans parler des trésors immenses en ce genre dispersés sur toute la surface de la république ?

Les hommes ayant presque toujours satisfait à l'ambition ou à la fortune, jusqu'alors la plupart des livres ou ont été composés pour les princes, ou contenoient des éloges de ces princes, ou même ont été exécutés, c'est-à-dire imprimés par ordre ou sous l'insolente protection de ces mêmes princes. Quiconque connoît un peu les livres apercevra du premier coup-d'œil que plus des quatre cinquièmes sont dans ce cas, et que le livre contenant les principes de la morale la plus sévère, de la philosophie la plus sublime, a quelquefois été dédié au prince le plus complètement ignare ou dissolu. Dernièrement, dans la bibliotheque d'un homme du plus ardent patriotisme, d'un républicain bien sincère, nous nous attachâmes à examiner quels livres pourroient trouver grace. L'exacte vérité est que nous n'en apperçûmes pas un seul; tous portoient quelque signe de réprobation, et devoient être soumis à quelque mutilation, soit intérieure, soit extérieure. Cicéron, qui, démasquant le traître Catilina et ses complices, prolongea de quelques années encore la liberté des Romains, Sidney lui-même, qui périt sur un échafaud victime de son républicanisme, étoient doublement sujets à la condamnation, puisque dans divers passages il y est question des rois ou des grands de la terre, et qu'en outre un homme, apparemment jaloux de ses titres, s'étoit avisé de faire empreindre ses armes sur les couvertures. Nous vîmes donc qu'il ne resteroit d'autre parti à prendre qu'à ranger tous les livres au milieu du cabinet et d'y mettre le feu; mais, en vérité, je crois que le propriétaire auroit commencé par se placer lui-même au milieu du bûcher.

Les acheteurs de livres, les amateurs, si l'on veut permettre cette expression, ont toujours rejeté les exemplaires chargés d'armoiries, parce que ces larges empreintes défigurent les livres. Deux seulement ont trouvé grace à leurs yeux ; celles de la maison de Thou, de l'immortel historien de ce nom, et celles d'un certain comte de Hoym, mort il y a soixante ans. Les livres marqués de ces deux sortes d'armoiries sont recherchés avec avidité et chèrement payés; mais on se trompe lourdement si on croit que c'est par tendresse pour les écussons qui les décorent. Car si cette préférence étoit fondée sur l'orgueil ou la vanité, on ne s'attacheroit guère aux armoiries d'un obscur et inconnu comte de Hoym, et on rechercheroit plutôt celles des maisons qui furent les plus renommées et les plus puissantes. L'exacte vérité est que ces hommes, amateurs éclairés, ont réuni d'immenses collections d'excellents livres; qu'ils les ont choisis des éditions les meilleures, les plus correctes; que plusieurs de ces exemplaires sont enrichis de notes savantes; que les premiers propriétaires ont pris goût à les faire relier soigneusement. L'acheteur recherche donc ces livres, non parcequ'ils ont des armes, mais parcequ'ils sont aussi beaux qu'excellents, et que, dans le temps, ils ont été établis avec soin.

S'imagine-t-on que c'est parcequ'elles ont

été imprimées sous le prétexte de servir à l'éducation du fils de Capet qu'on achète les magnifiques éditions de Didot l'aîné, connues sous le nom de *collection du dauphin*, et qui ont montré à toute l'Europe savante que la France sauroit conserver dans l'art de l'imprimerie la supériorité que les Anglais, les Espagnols, et surtout les Italiens, cherchoient à lui enlever ? Faudra-t-il arracher les feuillets de tous ces livres où se trouve le nom du dauphin ? Faudra-t-il détruire l'excellente collection des moralistes anciens, parcequ'elle est dédiée au roi, parceque chaque frontispice est écussonné aux armes de France ?

En voilà assez pour les livres : nous nous étendrons moins sur les autres objets, parceque les raisonnements qui précèdent s'appliquent également aux estampes, peintures, etc. Mais faudra-t-il couper avec des ciseaux ou balafrer avec de l'encre les armoiries dont on avait coutume de garnir le bas de chaque estampe, brûler toutes celles qui retracent des événements tenant aux rois ou à leur détestable alentour ? Faudra-t-il briser tous les cadres où se trouvent quelques fleurs de lis, couvrir d'une couche de gris ou de noir les productions des Raphaël, des Poussin, des

Lebrun, parceque leur pinceau immortel nous a transmis les images des rois ou des princes? En vérité, nous ressemblerions un peu trop à ces chrétiens fanatiques qui, dans les premiers siecles de l'église, détruisoient les précieux ouvrages des Phidias, des Praxitele, des Protogene, parcequ'ils représentoient des Apollon, des Cybele, des Jupiter et autres dieux du paganisme.

La précieuse collection des tableaux appartenant jadis à la maison d'Orléans, et dont la France court le risque d'être privée, depuis qu'un riche acquéreur l'a ou cachée, ou fait passer en Angleterre, vient d'être reproduite, et autant que possible conservée par le moyen de la gravure. L'entrepreneur, ayant commencé en 1785, cinq années avant la proscription des armoiries, a fait graver sur chaque estampe un très petit écusson des armes d'Orléans : faut-il que les nombreux exemplaires de ce précieux et important ouvrage soient lacérés et traînés dans les boues, parcequ'ils portent cette empreinte ?

Quant aux médailles, point de grace pour une seule, car enfin on n'ignore pas que jusqu'alors les médailles n'ont guere retracé que les portraits ou les actions des rois et de leurs

favoris ; celles qui ne sont pas royales ont été
frappées par des villes qui, à l'exception
d'Athenes, étaient presque toutes étrangeres
aux vrais principes de la liberté. Il étoit ré-
servé à la révolution française de faire enfin
compter les hommes pour ce qu'ils sont; et
déja, des médailles précieuses par leur travail ont célébré les principales époques de notre
régénération politique; et le burin des Duvi-
vier, des Dupré, etc., a retracé des actions,
des événements dont l'antiquité n'offre aucun
modele.

Mais faut-il pour cela détruire tout ce qui a
existé ? Faut-il porter à la monnaie les restes
les plus précieux de l'antiquité, parcequ'ils
contiennent un peu d'or et d'argent, ou parce qu'ils ont appartenu à des despotes ? Où
s'arrêteroit donc cette destruction, puisque les
despotes enlevoient tout, que tous les travaux
des arts n'avoient pour objet que de leur pro-
curer de nouvelles jouissances ? Et quand tout
sera détruit, quels modeles, quels objets de
comparaison trouveront les artistes pour per-
fectionner leur goût, enflammer leur génie ?
Il est impossible de faire que ce qui a été n'ait
pas existé. Toujours on se souviendra qu'il y
a eu des rois; leur scélératesse est gravée d'une

maniere ineffaçable dans la mémoire de quiconque mérite le nom d'homme. Conservons, Français républicains, conservons la mémoire de ces monstres, mais pour mieux les abhorrer, pour tenir un poignard toujours prêt à plonger dans le sein du premier audacieux qui tenteroit d'usurper le pouvoir suprême, de celui qui seroit assez lâche pour laisser entrevoir que les Français pourraient supporter un nouveau joug. Mais gardons-nous de céder aux impulsions désordonnées d'une fougue dévorante qui ne nous laisseroit que d'inutiles regrets, et dont les bruyantes expéditions n'auroient en rien servi la cause de la sainte, de la sublime liberté, qui toujours fut et sera toujours l'amie, la protectrice des arts, des sciences et du génie.

Paris, le 25ᵐᵉ du 1ᵉʳ mois, l'an 2ᵉ de la république française une et indivisible.

ANT. AUG. RENOUARD, CHARDIN,

CHARLEMAGNE fils.

AU COMITÉ

D'INSTRUCTION PUBLIQUE

Je devance le rendez-vous que vous m'aviez
donné pour samedi 5, parce que je lis dans la
feuille du soir, que vous êtes chargés de pré-
senter aujourd'hui la rédaction du décret sur
les armoiries en ce qui concerne les livres.

Gardez-vous, je vous prie, d'imaginer qu'il
soit possible, qu'il soit utile de chercher à détruire tout ce qui reste de la féodalité ou du
nom royal sur les livres, estampes, et autres
objets de ce genre. Ne considérons, en ce mo-
ment, que la bibliotheque nationale : ou vous
feriez couper les écussons avec un fer tranchant,
pour les remplacer par des morceaux de peau
qu'il seroit impossible de bien adapter; ou
vous feriez appliquer une pièce de peau sur
l'écusson ; ou, enfin, vous essaieriez de faire
disparoître l'or par le moyen de l'eau régale.

Ce dernier expédient laisseroit sur la peau
l'empreinte des fleurs de lis, des couronnes; et
les deux premiers seroient aussi longs à exécuter que leur résultat seroit peu satisfaisant,
et les livres resteroient absolument dégradés.
Il y auroit, en outre, à enlever les LL couronnés
dont sont chargés le dos de presque tous les
volumes.

Il seroit encore plus impraticable de détruire
entièrement toutes ces reliures écussonnées pour
les faire rétablir à neuf. D'abord, veuillez ré-
fléchir, que tous les relieurs de la France ne
pourroient faire ce travail en plusieurs années;
que le maroquin est d'une rareté extrême, qu'il
vaut de 45 à 50 livres la peau; que cette opération extravagante en auroit bientôt quintuplé le
prix. Le veau et la basanne sont proportion-
nellement aussi rares et aussi chers. Songez,
en outre, que depuis plusieurs siecles, les meil-
leurs relieurs ont continuellement travaillé à
décorer et enrichir ce dépôt précieux. Il faut
être artiste dans ce genre pour faire de bons
ouvrages. On peut mettre en réquisition plusieurs milliers d'hommes pour arriver à forger
des armes destinées à exterminer les tyrans;
plus ou moins parfait, leur travail n'en sera
pas moins utile : mais, ramassez sans choix

des ouvriers, même parmi le petit nombre des relieurs, vous aurez bientôt consommé la ruine entiere de la bibliotheque. Je sais très bien que des hommes instruits doivent considérer le contenu et non l'habillement des livres : mais, enfin, faut-il détruire les chefs-d'œuvre de reliure qui sont une partie si intéressante de la richesse nationale ? Si absolument il falloit ne faire aucun cas des accessoires qui rendent les livres recommandables sous un autre rapport que celui de leur contenu, il faudroit n'avoir dans la bibliotheque nationale qu'un seul Virgile, qu'un seul Horace, tandis qu'il y en a plusieurs centaines; les uns des premieres éditions ou imprimés sur vélin; d'autres sont précieux par leur élégante impression, par de belles gravures, ou enfin, par une reliure riche et magnifiquement établie. Je soutiens que si on veut r'habiller les livres ou placarder les écussons, on gâtera toutes ces raretés si intéressantes; on mettra la bibliotheque dans un dérangement et un désordre absolu; les livres les plus précieux seront ou abymés ou volés; et, après avoir passé bien du temps à cet inutile et désastreux travail, on sera obligé d'y renoncer par lassitude. Heureux seront les pauvres livres qui n'auront pas eu le triste avantage d'avoir été ou aperçus, ou peut-être même convoités par les travailleurs !

Nous avons tant de frippons et de voleurs publics, que je serois assez porté à croire que quelques hommes avides fondent l'espoir d'un immense bénéfice sur les réparations ou plutôt sur les dégradations qu'on cherche à provoquer dans la bibliotheque nationale. Que savons-nous si les Anglais n'essaient pas de nous faire escamoter par ce moyen quelques-unes de nos raretés littéraires ?

Il ne seroit pas moins ridicule qu'inutile de barbouiller l'estampille intérieure. Le placard dont vous souilleriez le volume pour cacher cette empreinte éterniseroit le souvenir de vains efforts que vous auriez faits pour la détruire. D'ailleurs, pour cette seule opération, il n'en faudroit pas moins tenir tous les volumes un à un, employer beaucoup de temps, beaucoup dépenser; et tout cela pour rien, moins que rien.

Je vous prie donc, avec la plus vive instance, de représenter à la convention qu'il est nécessaire de ne rien changer aux livres de la bibliotheque nationale. Maintenant on y relie tous les livres avec les lettres B. N. entrelacées; l'estampille porte *Bibliotheque Nationale*. Laissons tout ce qui existoit antérieurement, puisque nous ne pourrions rien changer sans tout détruire.

ANT. AUG. RENOUARD.

Le 2ᵐᵉ du 2ᵐᵉ mois, l'an 2ᵐᵉ de la république française.